LEARN PORTUGUESE WITH BEGINN

D0987353

isbn: 978-1-987949-74-2

Dear Reader and Language Learner!

You're reading the Kindle learner edition of our Bermuda Word pop-up e-books which we sell at learn-to-read-foreign-languages.com. Before you start reading Portuguese, please read this explanation of our method.

Since we want you to read Portuguese and to learn Portuguese, our method consists primarily of word-for-word literal translations, but we add idiomatic English if this helps understanding the sentence. For example:

Como um raio
As   a   ray
[In   a   flash]

This method works best if you re-read the text until you know the high frequency words just by reading, and then mark and learn the low frequency words in your reader or practice them with our brilliant App.

Don't forget to take a look at the e-book App with integrated learning software that we offer at learn-to-read-foreign-languages.com! For more info check the last two pages of this e-book!

Thanks for your patience and enjoy the story and learning Portuguese!

Kees van den End

3   Título & Indice

ÍNDICE

4   Título & Indice

5   Título & Indice

O OURO
The   Gold

Era	uma	vez	um	rei,	que,	tendo	achado	no	seu	reino
Was	one	time	a	king	that	having	found	in	his	kingdom

(There was)

algumas	minas	de	ouro,	empregou	a	maior	parte	dos
some	mines	of	gold	employed	the	bigger	part	of the

vassalos	a	extrair	o	ouro	dessas	minas;
vassals	to	extract	the	gold	of these	mines

e	o	resultado	foi	que	as	terras	ficaram	por	cultivar,	e
and	the	resulted (result)	was	that	the	lands	remained	for	to cultivate	and

que	houve	uma	grande	fome	no	país.
that	had	a	great	hunger	in the	country

(that there) (was)

8   O Ouro

Mas — But
a — the
rainha, — queen
que — that
era — was
prudente — prudent (wise)
e — and
que — that (who)
amava — loved
o — the
povo, — people

mandou — ordered
fabricar — to manufacture
em — in
segredo — secret
frangos, — chickens
pombos, — pigeons
galinhas — hens
e — and

outras — other
iguarias — dishes
todas — all
de — of
ouro — gold
fino; — fine
e — and
quando — when
o — the
rei — king

quis — wanted
jantar — supper
mandou-lhe — ordered (she ordered)
servir — to serve
essas — these
iguarias — dishes
de — of
ouro, — gold

com — with
que — the
ele — which
ficou — (he) grew
todo — all
satisfeito, — satisfied
porque — because
não — not

compreendeu — (he) understood
ao — to the (in the)
princípio — beginning
qual — what
era — was
o — the
sentido — intention
da — of the
rainha; — queen

mas, — but
vendo — seeing
que — that
não — not
lhe — him
traziam — (they) brought
mais — more (still)
nada — nothing
de — of ()
comer, — to eat

começou — started
a — to
zangar-se. — irritate himself

9 O Ouro

Pediu-lhe então a rainha, que visse bem que o ouro
Asked him then the queen that (he) saw well that the gold

não era alimento, e que seria melhor empregar os seus
not was food and that (it) would be better to employ the () his

vassalos em cultivar a terra, que nunca se cansa de
vassals in to cultivate (cultivating) the land that never itself tires of

produzir, do que trazê-los nas minas à busca do ouro,
to produce (producing) than what fetched them (in) the mines in the search of the (of) gold

que não mata a fome nem a sede, e que não tem
that not kills the hunger nor the thirst and that not has

outro valor além da estimação que lhe é dada pelos
another value beyond of esteem (status) that it is given by the

homens, estimação que havia de converter-se em
men esteem that had of to convert itself in

desprezo, logo que ouro aparecesse em abundância.
disdain soon that gold appeared in abundance

10 O Ouro

A rainha tinha juízo.
The queen had good sense

11   O Ouro

BOA   SENTENÇA
Good   judgment
(The good)

Um	homem	rico,	mas	avarento,	tinha	perdido	dentro	dum
A	man	rich	but	miserly	had	lost	inside	of a

alforge	uma	quantia	em	oiro	bastante	avultada.
sack	an	amount	in	gold	quite	large

Anunciou	que	daria	cem	mil	réis	de	alvíssaras	a	quem
(He) announced	that	(he) would give	(a) hundred	thousand	réis	of	rewards	to	whom
					(Portuguese coin)	(reward)			

lha	trouxesse.
it	brought

Apresentou-se-lhe	em	casa	um	honrado	camponês	levando
(There) presented himself to him	in	(the) house	an	honest	peasant	carrying

o	alforge.
the	sack

O	nosso	homem	contou	o	dinheiro,	e	disse:
The	our	man	counted	the	money	and	said
()	(Our)						

14 Boa Sentença

"Deviam ser oitocentos mil réis, que foi a quantia que
Must / be / eight hundred / thousand réis / that / was / the / amount / that
(It should) / (Portuguese coin)

eu perdi; no alforge encontro apenas setecentos;"
I / lost / in the / sack / (I) find / only / seven hundred

"vejo, meu amigo, que recebeste adiantados os cem mil
(I) see / my / friend / that / (you) received / in advance / the / one hundred / thousa

réis de alvíssaras: estamos pagos por conseguinte."
réis / of / rewards / (we) are / paid / by / consequence
(Portuguese coin) / (reward) / (in)

O bom camponês, que nem por sombras tocara no
The / good / peasant / that / not / for / shades / (had) touched / on the
(anything)

dinheiro, não podia nem devia contentar-se com
money / neither / could / nor / had / content himself / with

semelhantes agradecimentos.
similar / gratefulness

15 Boa Sentença

Foram (Went / They went) ter (to have / deal) com (with) o (the) juiz, (judge) que, (that) vendo (seeing) a (in) má (bad) fé (faith) do (to the)

avarento, (miser) deu (gave) a (the) seguinte (following) sentença: (sentence)

"Um (One) de (of) vós (you) perdeu (lost) oitocentos (eight hundred) mil (thousand) réis; (réis / Portuguese coin) o (the) outro (other one)

encontrou (found) um (a) alforge (sack) apenas (only) com (with) setecentos: (seven hundred) Resulta (It results) daí (from that)

claramente (clearly) que (that) o (the) dinheiro (money) que (that) o (the) último (last / last one) encontrou (found) não (not)

pode (can) ser (be) o (the) mesmo (same) a (to) que (that / that of) o (the) primeiro (first) se (oneself) julga (judges) com (as)

direito." (rightful)

16 Boa Sentença

"Por consequência tu, meu bom homem, leva o dinheiro
By consequence you my good man keep the money
(In)

que encontraste, e guarda-o até que apareça o indivíduo
that (you) found and guard it until that appears the individual

que perdeu somente setecentos mil réis. E tu, o único
that lost only seven hundred thousand réis And you the only
(Portuguese coin)

conselho que passo a dar-te, é que tenhas paciência
counsel that pass to give you is that you have patience
(advice) (I have)

até que apareça alguém que tenha achado os teus
until that appears someone that has found the your
()

oitocentos mil réis."
eight hundred thousand réis
(Portuguese coin)

17   Boa Sentença

PILOTO

Piloto era o mais inteligente e o mais afectuoso dos
Piloto was the most intelligent and the most affectionate of the

cães, e o infatigável companheiro dos brinquedos das
dogs and the tireless companion of the plays of the

crianças da quinta.
children from the farm

Fazia gosto vê-lo atirar-se ao tanque a agarrar o pau,
Does pleasure to see him throw himself into the pond to grasp the wood
(It gives)

que João lhe lançava o mais longe que podia;
that Joano him threw the most far that (he) could

pegava nele, metia-o na boca e trazia-o à margem,
(he) caught on it put it in the mouth and brought it to the edge

com grande alegria do pequerrucho e da sua irmã
with great joy of the little one and of his sister

Joaninha.
Joanina

20 Piloto

Esta brincadeira recomeçava vinte vezes sem cansar
This trick recommenced twenty times without to tire

nunca a paciência do Piloto.
never to the patience of Piloto
(to)

Depois eram corridas, festas, gargalhadas, saltos, até que
Later (there) were races parties outbursts of laughter jumps until that

o assobio do criado da quinta chamava o fiel animal
the whistle of the servant of the farm called the faithful animal

às suas obrigações:
to his obligations

partia então como um raio, para escoltar as vacas, que
(he) left then as a ray to escort the cows that
[in a flash]

levavam aos pastos, e impedi-las de entrar no lameiro
(they) led to the pastures and hindered them of to enter in the slough
()

do vizinho.
in the vicinity

21 Piloto

Quando o hortelão ia vender os legumes ao mercado,
When the gardener went to sell the vegetables at the market

era o Piloto o guarda da carroça;
(it) was the Piloto the guard of the wagon
()

e muito atrevido seria quem saltasse à noite a parede
and very daring would be whomever jumped at the night the wall

da quinta.
of the farm

Uma vez deu prova de uma extraordinária sagacidade;
One time (he) gave prove of one extraordinary wit

um jornaleiro, que se empregava muitas vezes em levar
a day laborer that himself (was) employed many times in the taking

sacos de trigo da quinta para casa, tentou de noite
bags of wheat from the farm to (the) house tried at night

roubar um saco.
to rob a bag

22 Piloto

Piloto, que o conhecia, não fez a menor demonstração
Piloto that him knew not made the least demonstration

de hostilidade em quanto o homem seguiu o caminho
of hostility in so much (that) the man (he) followed the way

da quinta, mas, desde que se afastou tomando por
from the farm but from the moment that himself (he) moved away taking for

outra estrada, o guarda vigilante agarrou-o pela blusa
another one road the guard vigilant grasped him by the shirt

sem o largar.
without him to release

Era como se dissesse: "Onde vais tu com o trigo de
(It) was as if (he) said Where go you with the wheat of

meu dono?"
my master

O ladrão quis pôr então outra vez o saco donde o
The thief wanted to put then another one time the bag of where it

tinha tirado;
(he) had taken

23 Piloto

Piloto não consentiu, e teve-o em guarda, sem o
Piloto not assented and kept him in check without him

morder nem o ferir, até de manhã; o quinteiro foi dar
to bite nor him to wound until at (the) morning the farmer was to give (come int

com ele nesta difícil posição, repreendeu-o vivamente, e
with him in this difficult position reprehended him alive and

despediu-o sem divulgar o caso para o não desonrar.
fired him without to divulge the case to him not to dishonor

Mas o homem ficou com ódio ao cão, e muito tempo
But the man stayed with hatred to the dog and much time

depois, aproveitando a ausência do quinteiro e de seus
later taking advantage of the absence of the farmer and of his

filhos, chamou o Piloto, que correu para ele sem
children called the Piloto that ran to him without
()

desconfiança; atou-lhe uma corda ao pescoço e arrastou-o
distrust tied him a rope around the neck and dragged him

até à margem do ribeiro.
up to the edge of the river

24   Piloto

Atou uma grande pedra à outra extremidade da corda
(He) tied a great rock to the other end of the rope

e levantando o animal atirou-o à água; mas arrastado
and raising the animal threw him into the water but dragged

ele próprio com o peso e com o esforço, caiu também.
him self with the weight and with the effort (he) fell also

Como não sabia nadar, teria sido despedaçado pela roda
As not (he) knew to swim (he) would have been torn to pieces by the wheel

do moinho, se o corajoso Piloto, obedecendo ao seu
of the mill if the courageous Piloto obeying to the its
()

instinto de salvador e desembaraçando-se da pedra mal
instinct of saving and disentangling itself of the rock badly

atada, não tivesse mergulhado duas vezes e trazido para
tied not had dived two times and brought to

terra o seu mortal inimigo.
land the his mortal enemy
()

25 Piloto

Este, que estava quase desmaiado, compreendeu quando
This that was almost fainted understood when

voltou a si, que o cão que ele tinha querido afogar,
(he) returned to himself that the dog that he had wanted to drown
(consciousness)

lhe salvara a vida.
him saved the life

Teve vergonha de seu acto miserável; e desde esse
Had shame of his act miserable and since this
(He was) (ashamed)

dia, violentou-se a si mesmo e combateu as suas más
day forced to himself same and fought to the his bad
(himself) ( ) ( )

inclinações.
inclinations

O exemplo do cão corrigiu o homem.
The example that the dog corrected the man

O TALISMÃ
The   Talisman

Dois habitantes da mesma cidade exerciam nela a
Two inhabitants of the same city exerted in it the

mesma indústria, mas com resultados bem diversos; um
same industry but with results well diverse one

enriquecia-se e o outro arruinava-se, o que não era de
enriched himself and the other one ruined himself that what not was of

espantar, porque o primeiro zelava os seus negócios
to astonish because the first guarded the his business
() ()

com uma actividade infatigável, enquanto que o segundo,
with an activity tireless while that the second

entregue inteiramente aos seus prazeres, encarregava os
delivers entirely to his pleasures charged the
(himself) ()

estranhos da direção da sua casa.
strangers with the direction of the his house
(management) (of) (-keeping)

"Explica-me," disse um dia este último ao seu colega,
Explain me said one day this last to the his colleague
(to)

"qual é a razão porque a sorte nos trata de um
which is the reason why the luck us treats of a
(what) (in)

modo tão diferente? Vendemos as mesmas mercadorias, a
way so different (We) sell the same goods the
()

minha loja está tão bem situada como a tua, e apesar
my store is just as well situated as the yours and despite
()

disso, enquanto tu ganhas, eu não faço senão perder.
of this while you earn I not do if not to lose
(anything) (but)

E não é porque eu seja estroina; não bebo, nem
And not (it) is because I neither squander nor drink nor
(money)

jogo. Já tenho pensado algumas vezes se não terás tu
gamble Already (I) have thought some times if not would have you

por acaso algum precioso talismã."
by chance some precious talisman

"Efectivamente," respondeu o outro, "herdei de meu pai
Effectively answered the other one (I) inherited of my father

um talismã de uma virtude incomparável. Trago-o ao
a talisman of a virtue incomparable (I) carry it around th

pescoço, e ando assim com ele todo o dia por toda
neck and (I) walk thus with it all the day through all

a casa,
the house

do celeiro para a adega, e da adega para o celeiro.
from the granary to the cellar and from the cellar to the granary

E o caso é que tudo me corre perfeitamente. "
And the case is that everything (for) me runs perfectly

"Olé meu querido colega, empresta-me pelo amor de
Okay my dear colleague loan me for the love of

Deus essa relíquia preciosa de que tanto necessito;
God this relic precious of that in such a way (I) am in need

podes ter a certeza de que ta restituo. "
(you) can take (to) certain of that you (I will) restitute
(be) (it)

"Pois vem buscá-la amanhã de manhã. "
Then come search her tomorrow of morning
(in the)

Quando ao outro dia foi procurar o seu generoso
When at the other day (he) was to look for the his generous
(next) ()

concorrente, apresentou-lhe este uma avelã, através da
competitor presented him this one a hazelnut through of

qual tinha passado um fio de seda.
which (he) had passed a wire of silk

O   nosso   homem   pô-la   imediatamente   ao   pescoço,   e
The   our   man   put her   immediately   around the   neck   and
()   (Our)   (put it)

começou   a   correr   toda   a   casa   com   o   talismã.
started   to   run through   all   the   house   with   the   talisman

Observou   então   a   completa   desordem   que   por   toda   a
(He) observed   then   the   complete   mess   that   through   all   the

parte   ali   havia.
parts   there   (it) had
(there was)

Na   adega   faltava-lhe   vinho,   cerveja   e   azeite;   na   cozinha
In the   cellar   lacked him   wine   beer   and   oil   in the   kitchen

o   pão,   a   carne   e   os   legumes;   no   celeiro,   o   milho,   o
the   bread   the   meat   and   the   vegetables   in the   granary   the   maize   the

trigo,   o   feijão;   na   estribaria,   o   feno   e   a   aveia,
wheat   the   beans   in the   stable   the   hay   and   the   oats

roubados   das   manjedouras   dos   cavalos;   viu,   finalmente,
robbed   from the   cribs   of the   horses   (he) saw   finally

como   os   seus   livros   e   registros   estavam   mal
how   the   his   books   and   registers   were   badly
()

escriturados;
writted
(accounted)

viu — (he) saw
tudo — all
isto, — this
e — and
que — that
era — (it) was
necessário — necessary
dar-lhe — to give it [to do
remédio, — remedy / something about it

compreendendo — understanding
que — that
o — the
dono — owner
da — of the
casa — house
nunca — never
pode — can
ser — be

substituído — substituted
por — for
terceira — (a) third
pessoa — person
na — in the
direção — direction (management)
dos — of the (of)
seus — his

negócios. — business

Passados — Passed (Having passed)
alguns — some
dias — days
foi — (he) went
entregar — to deliver
ao — to the
dono — owner
o — the
precioso — precious

talismã, — talisman
agradecendo-lhe — thanking him
duplamente, — doubly
em — in the
primeiro — first
lugar, — place
o — the ( )

seu — his
bom — good
conselho, — counsel (advice)
e — and
em — in the
segundo — second
lugar, — place
a — the
maneira — way

delicada — delicate
porque — through which
lho — it
tinha — (he) had
dado. — given

O   PINHEIRO   AMBICIOSO
The   pine   ambitious

Era   uma   vez   um   pinheiro,   que   não   estava   contente
Was   one   time   a   pine   that   not   was   content
(There was)

com   a   sua   sorte.
with   the   his   luck

"Oh!"   dizia   ele,   "como   são   horrorosas   estas   linhas
Oh   said   he   how   are   horrible   these   lines

uniformes   de   agulhas   verdes,   que   se   estendem   ao   longo
uniform   of   needles   green   that   itself   extend   to the   length

dos   meus   ramos!   Sou   um   pouco   mais   orgulhoso   que
of   my   branches   (I) am   a   little   more   proud   than

os   meus   vizinhos,   e   sinto   que   fui   feito   para   andar
the   my   neighbours   and   (I) feel   that   (I) was   made   for   to go
()

vestido   de   outro   modo.   Ah!   se   as   minhas   folhas   fossem
dressed   of   another   way   Ah   if   the   my   leaves   were
()

de   oiro!"
of   gold

34 O Pinheiro

O Génio da montanha ouviu-o, e no dia seguinte pela
The Genie of the mountain heard it and on the day following before

manhã acordou o pinheiro com folhas de oiro.
(the) morning woke up the pine with leaves of gold

Ficou radiante de alegria, e admirou-se, pavoneou-se todo,
Grew radiant joy and admired himself showing off himself wholly
(He became)

olhando com altivez para os outros pinheiros, que, mais
looking with haughtiness at the other pines that more

sensatos do que ele, não invejavam a sua rápida fortuna.
sensible than him not envied of his fast fortune

À noite passou por ali um ladrão, arrancou-lhe todas as
At night passed through there a thief pulled out him all the
(pulled out of him)

folhas, meteu-as num saco, e foi-se embora, deixando-o
leaves put them in a bag and went himself away leaving him

inteiramente nu dos pés à cabeça.
entirely naked from the feet to the head

"Oh!" disse ele, "que doido que eu fui! não me tinha
Oh said he what crazy that I was not me had

lembrado da cobiça dos homens.
remembered of the coveting (greed) of men

Fiquei completamente despido. Não há agora em toda a
(I) became completely undressed Not has (there is) now in all the

floresta uma planta tão pobre como eu. Fiz mal em
forest a plant so poor as I (I) did badly in

pedir folhas de oiro; o oiro atrai as ambições."
to ask for leaves of gold the gold attracts the ambitions

"Ah! se eu arranjasse um vestuário de vidro! Era
Ah if I arranged (received) a clothing of glass (It) was

deslumbrante, e o ladrão avarento não me teria despido."
dazzling and the thief miserly not me would have undressed

36   O Pinheiro

No dia seguinte acordou o pinheiro com folhas de
On the day following woke up the pine with leaves of

vidro, que reluziam ao sol como pequeninos espelhos.
glass that shone to the sun as tiny mirrors

Ficou outra vez todo contente e orgulhoso, fitando
(He) became another time all content and proud looking at

desdenhosamente os seus vizinhos.
disdainfully the its neighbours
()

Mas nisto o céu cobriu-se de nuvens, e o vento
But in this the sky covered itself of clouds and the wind
(moment)

rugindo, estalando, quebrou com a sua asa negra as
roaring cracking broke with the its wing black the
()

folhas de cristal.
leaves of crystal

37 O Pinheiro

"Enganei-me ainda," disse o jovem pinheiro, vendo por
(I) fooled myself another time said the young pine seeing on

terra todo feito em pedaços o seu manto cristalino. "O
(the) ground all made in pieces the his mantle crystalline The
                                    ()

oiro e o vidro não servem para vestir as florestas. Se
gold and the glass not serve for to dress the forests If

eu tivesse a folhagem acetinada das aveleiras, seria
I had a foliage silky of hazel leaves (it) would be

menos brilhante, mas viveria descansado."
less shining but would live rested
                                    (quiet)

Cumpriu-se o seu último desejo, e, apesar de ter
(There) carried out itself the his last desire and despite of to have
            ()

renunciado às vaidades primitivas, julgava-se ainda assim
resigned to vanities primitive (he) judged himself still thus

mais bem vestido do que todos os outros pinheiros
more well dressed than all the other pines

seus irmãos.
his brothers

38   O Pinheiro

Mas passou por ali um rebanho de cabras, e vendo
But passed through there a herd of goats and seeing

as folhas acabadas de nascer, tenrinhas e frescas,
the leaves finished of to be born tender and fresh

comeram-lhas todas sem deixar uma única.
ate them all without to leave one only

O pobre pinheiro, envergonhado e arrependido, já queria
The poor pine ashamed and sorry already wanted

voltar à sua forma natural.
to come back to the his form natural
(to)

Conseguiu ainda este favor, e nunca mais se queixou
(He) obtained still this favor and never more himself complained

da sua sorte.
of the his fate
(of)

39   O Pinheiro

O   RABEQUISTA
The   fiddler

Em   tempos   muito   remotos   os   habitantes   duma   grande
In   times   very   remote   the   inhabitants   of a   great

cidade   levantaram   uma   igreja   magnífica   a   Santa   Cecília,
city   raised   a   church   magnificent   to   Saint   Cecilia

padroeira   dos   músicos.
patron   of the   musicians

As   rosas   mais   vermelhas   e   os   lírios   mais   cândidos
The   roses   most   red   and   the   lilies   most   innocent

enfeitavam   o   altar.   O   vestido   da   santa   era   de   filigrana
decorated   the   altar.   The   dress   of the   saint   was   of   filigree

de   prata   e   os   sapatinhos   eram   de   oiro,   feitos   pelo
of   silver   and   the   little shoes   were   of   gold   made   by the

melhor   ourives   que   havia   na   cidade.
best   silversmiths   that   it had   in the   city
                                   (there were)

A capela estava constantemente cheia de peregrinos e
The chapel was constantly full of pilgrims and

devotos. Uma vez foi lá em romaria um pobre
devotees One time was there on a pilgrimage a poor

rabequista, pálido, magro, escaveirado. Como a jornada
fiddler pale thin emaciated As the journey

tinha sido muito longa, estava cansado, e já no seu
had been very long (he) was tired and already in his

alforge não havia pão nem dinheiro no bolso para o
sack not (he) had bread nor money in the pocket for it

comprar.
to buy

Assim que entrou na capela, começou a tocar na sua
Thus that (he) entered in the chapel (he) started to play on the his
(when) ()

rabeca com tal suavidade, com tanta expressão, que a
fiddle with such smoothness with so much expression that the

santa ficou enternecida ao vê-lo tão pobre e ao escutar
saint became endeared to the seeing him so poor and to the listening
(at) (at) (listening to)

aquela música deliciosa.
that music delicious

43 O Rabequista

Quando terminou, Santa Cecília abaixou-se, descalçou um
When (he) finished Saint Cecilia lowered herself took off one

dos seus ricos sapatos de ouro, e deu-o ao pobre
of her rich shoes of gold and gave it to the poor

músico, que tonto de alegria, dançando, cantando,
musician that dumb of joy dancing singing

chorando, correu à loja dum ourives para lho vender.
crying ran to the store of a silversmith to it to sell

O ourives, reconhecendo o sapato da santa, prendeu o
The silversmith recognizing the shoe of the saint arrested the

pobre rabequista e levou-o à presença do juiz.
poor fiddler and led him into the presence of the judge

Instauraram-lhe processo, julgaram-no, e foi condenado à
(They) set up for him (a) process (they) judged him and (he) was condemned to the (to)

morte.
death

Chegara o dia da execução. Os sinos dobravam
Arrived the day of execution The bells sounded

lastimosamente, e o cortejo pôs-se em marcha ao som
pitifully and the procession set itself in march to the sound

dos cânticos dos frades, que ainda assim não chegavam
of the chants of the friars that even thus not arrived (succeeded)

a dominar os sons da rabeca do condenado, que
to dominate the sounds of the fiddle of the condemned that

pedira, como última graça, o deixarem-lhe tocar na sua
asked for as last grace that (they) let him play on the (on) his

rabeca até ao último momento.
fiddle until to the (the) last moment

O cortejo chegou defronte da capela da santa, e
The procession arrived opposite of the chapel of the saint and

quando pararam suplicou o triste desgraçado, que o
when (they) stopped requested the sad unhappy fellow that him

levassem lá dentro para tocar a sua derradeira melodia.
(they) led there inside to play the () his last melody

45 O Rabequista

Os padres e os chefes da escolta consentiram, e o
The monks and the heads of escort had assented and the

rabequista entrou, ajoelhou aos pés da santa, e
fiddler entered knelt at the feet of the saint and

debulhado em lágrimas começou a tocar. Então o povo,
broken out in tears started to play Then the people

maravilhado e aterrado, viu Santa Cecília curvar-se
astounded and terrified saw Saint Cecilia bend herself

de novo, descalçar o outro sapato e metê-lo nas mãos
of new to take off the other shoe and put it in the hands
(again)

do infeliz músico.
of the unhappy musician

À vista deste milagre, todos os assistentes, levaram em
At the sight of this miracle all the onlookers led in

triunfo o rabequista, coroaram-no de flores, e os
triumph the fiddler (they) crowned him with flowers and the

magistrados vieram solenemente prestar-lhe as mais
magistrates came solemnly to give him the most

honrosas homenagens.
honorable homages

OS   PÊSSEGOS
The   Peaches

Um lavrador que tinha quatro filhos trouxe-lhes um dia
A farmer that had four children brought them one day

cinco pêssegos magníficos. Os pequenos, que nunca
five peaches magnificent The little ones that never

tinham visto semelhantes frutos, extasiaram-se diante das
had seen similar fruits became enraptured in front of the (of)

suas cores e da fina penugem que os cobria. À noite
their colors and of the fine fuzz that them covered In the night

o pai perguntou-lhes: "Então comeram os pêssegos?"
the father asked them Then (you) ate the peaches

"Eu comi," disse o mais velho. "Que bom que era!
I ate (ate it) said the most [oldest] old What good that was

Guardei o caroço, e hei-de plantá-lo para nascer uma
(I) kept the stone and have to (I will) plant it to grow a

árvore."
tree

"Fizeste   bem,"   respondeu   o   pai,   "é   bom   ser   económico
(You) did   well   answered   the   father   (it) is   good   to be   economic
                                                                        (thrifty)

e   pensar   no   futuro."
and   to think   in the   future
            (of the)

"Eu,"   disse   o   mais   novo,   "o   meu   pêssego   comi-o   logo,
I   said   the   most   young   the   my   peach   (I) ate it   soon
            [youngest]   ()   (immediatel

e   a   mamã   ainda   me   deu   metade   do   que   lhe   tocou   a
and   the   mamma   even   me   gave   half   of   what   that   touched   to
        ()   (belonged)

ela.   Era   doce   como   mel."
her   (It) was   sweet   as   honey

"Ah!"   acudiu   o   pai,   "foste   um   pouco   guloso,   mas   na
Ah   retorted   the   father   (you) were   a   little   gluttonous   but   on the
                                                                        ()

tua   idade   não   admira;   espero   que   quando   fores   maior
your   age   not   (I) look   wait   that   when   (you) will be   bigger
                        (I expect)

te   hás-de   corrigir."
yourself   have of   to correct
    (you have)

"Pois   eu   cá,"   disse   um   terceiro,
Therefore   I   here   said   a   third

"apanhei o caroço que o meu irmão deitou fora,
(I) hit   the stone   that   the mine   brother   left behind   was
                                                                              (had)

quebrei-o, e comi o que estava dentro, que era como
(I) broke it   and ate   that what   was   inside   that   was   as

uma noz. Vendi o meu pêssego, e com o dinheiro hei
a   nut   (I) sold   the mine   peach   and with   the money   have
                      ()   (I can)

de comprar coisas quando for à cidade."
of   buy   things   when   (I) will be   in the   city
()

O pai meneou a cabeça:
The father shook   the head

"Foi uma ideia engenhosa, mas eu preferia menos
(It) was   an   idea   ingenious   but   I   preferred   less

cálculo."
calculation

"E tu, Eduardo, provaste o teu pêssego?"
And you   Eduardo   (did you) try yourself   the your   peach
                                              ()

50 Os Pessegos

"Eu," meu pai, respondeu o pequeno, "levei-o ao filho
I mine father answered the little one (I) took it to the son

do nosso vizinho, ao Jorge, que está coitadinho com
of our neighbour to the Jorge that is afflicted with
(to)

febre. Ele não o queria, mas deixei-lho em cima da
fever He not it wanted but (I) left it on the top of the

cama, e vim-me embora."
bed and came myself even so
(went) (nonetheless)

"Ora bem," perguntou o pai, "qual de vós é que
Now right asked the father which of you is that
(is it)

empregou melhor o pêssego que eu lhe dei?"
employed (the) best the peach that I him gave

E os três pequenos disseram à uma:
And the three little ones said as the one
(as)

"Foi o mano Eduardo."
(It) was the brother Eduardo
() (child language for irmão; brother)

51 Os Pessegos

Este **no** **entanto** **não** **dizia** **palavra,** **e** **a** **mãe** **abraçou-o**
This   in the   meanwhile   not   said   (a) word   and   the   mother   hugged him
(This one)

com **os** **olhos** **arrasados** **de** **lágrimas.**
with   the   eyes   clouded   of   tears

O RICO E O POBRE
The   rich   and   the   poor
(man)   (man)

Martinho   era   um   rapazito,   que   ganhava   a   sua   vida   a
Martin   was   a   little boy   that   earned   the his   life   by
                                                      ()

fazer   recados;   um   dia,   voltando   de   uma   aldeia   muito
to do   messages   one   day   coming back   from   a   village   very
(to deliver)

distante   da   sua,   achou-se   cansado   e   deitou-se   debaixo
distant   of   his   (he) found himself   tired   and   lay down himself   underneath
              (his own)

de   uma   árvore,   à   porta   de   uma   estalagem,   junto   da
of   a   tree   at the   door   of   an   inn   next   to the

estrada.
road

Estava   comendo   um   bocado   de   pão   que   tinha   trazido
(He) was   eating   a   bit   of   bread   that   (he) had   brought

para   jantar,   quando   chegou   uma   bela   carruagem   em   que
for   supper   when   (there) arrived   a   beautiful   carriage   in   which

vinha   um   fidalguinho,   com   o   seu   preceptor.
came   a   young noble   with   the   his   tutor
(went)   ()

O estalajadeiro correu imediatamente e perguntou aos
The innkeeper ran immediately and asked to the (the)

viajantes se queriam apear-se, mas responderam-lhe que
travelers if (they) wanted to dismount (themselves) but (they) answered him that

não tinham tempo, e pediram-lhe que lhes trouxesse um
not (they) had time and asked him that them brought (he would bring) a

frango assado e uma garrafa de vinho.
chicken grilled and a bottle of wine

Martinho estava pasmado a olhar para eles; olhou depois
Martin was astonished to look at them (he) looked then

para a sua côdea de pão, para a sua velha jaqueta,
at the () his crust of bread at the () his old jacket

para o seu chapéu todo roto, e suspirando exclamou
at the () his hat all ragged and sighing exclaimed

baixinho:
soft

55 O Rico E O Pobre

"Oh! se eu fosse aquele menino tão rico, em vez do
Oh / if / I / was / that / boy / so / rich / instead / of

desgraçado Martinho! Que fortuna se ele estivesse aqui,
unhappy / Martin / What / fortune / if / he / was / here

e eu dentro daquela carruagem!"
and / I / inside / of that / carriage

O preceptor ouviu casualmente o que dizia Martinho e
The / teacher / heard / accidentally / that / what / said / Martin / and

repetiu-o ao seu aluno, que, lançando a cabeça fora da
repeated it / to the (to) / his / pupil / that / launching (sticking) / his / head / out / of the

carruagem, chamou Martinho com a mão.
carriage / called (beckoned) / Martin / with / the / hand

"Ficarias muito contente, não é verdade, meu rapaz,
(You) would become very / content / not / (it) is / (the) truth / my / boy

podendo trocar a minha sorte pela tua?"
being able / to change / to () / my / fate / for the (for) / yours

"Peço que me desculpe senhor," replicou Martinho
(I) pray that me (you) forgive Sir replied Martin

corando, "o que eu disse não foi por mal."
blushing that what I said not was for bad

"Não estou zangado contigo," replicou o fidalguinho, "pelo
Not (I) am angry with you replied the noble boy for the (on the)

contrário, desejo fazer a troca."
contrary (I) desire to make an exchange

"Oh! está a divertir-se comigo!" tornou Martinho, "ninguém
Oh (it) is to amuse yourself with me returned Martin nobody

quereria estar no meu lugar, quanto mais um belo e
would want to be in my place much more a beautiful and
(even) (less)

rico menino como o senhor.
rich boy as the lord

Ando muitas léguas por dia, como pão seco e batatas,
(I) go / many / leagues / by / day [daily] / with the / bread / dry / and / potatoes

enquanto que o senhor anda numa carruagem, pode
while / that / the / lord / goes / in a / carriage / can

comer frangos e beber vinho. "
eat / chickens / and / drink / wine

"Pois bem, "volveu o fidalguinho,"se me queres dar tudo
Then / well / continued / the / noble boy / if / me / (you) want / to give / everything

aquilo que tens e que eu não tenho, dou-te em troca
that / what / (you) have / and / that / I / not / have / to give you / in / exchange

de boa vontade tudo o que possuo. "
of / good / will / everything / that / what / (I) possess

Martinho ficou com os olhos espantados, sem saber o
Martin / remained / with / the / eyes / astonished / without / to know / that

que havia de dizer;
what / (he) had / of / to say
( )

mas   o   preceptor   continuou: "Aceitas   a   troca?"
but   the   teacher   continued   (Do you) accept   the   exchange

"Ora   essa!"   exclamou   Martinho,   "ainda   mo   pergunta!   Oh!
Now   this   exclaimed   Martin   still   me   (he) asks   Oh

como   toda   a   gente   da   aldeia   vai   ficar   assombrada   de
how   all   the   people   of the   village   go   to remain   surprised   of

me   ver   entrar   nesta   bela   carruagem!"
me   to see   to enter   in this   beautiful   carriage

E   Martinho   desatou   a   rir   com   a   ideia   da   entrada
And   Martin   unfastened (started)   to   laugh   with   the   idea   of the   entrance

triunfante   na   sua   aldeia.
triumphant   in   his   village

O   fidalguinho   chamou   os   criados,   que   abriram   a
The   noble boy   called   the   servants   that   (they) would open   the

portinhola   e   o   ajudaram   a   descer.
door   and   him   would help   to   descend

Mas qual foi a surpresa de Martinho, vendo que ele
But which was the surprise of Martin seeing that he

tinha uma perna de pau e que a outra era tão fraca,
had one leg of wood and that the other was so weak

que se via obrigado a andar em duas muletas:
that himself (he) saw obliged to walk on two crutches

depois, olhando para ele de mais perto, Martinho
then looking at him (of) more close Martin
                                        (closely)

observou que era muito pálido e que tinha cara de
observed that (he) was very pale and that (he) had (the) face of

doente.
sick
(a sick person)

Sorriu para o rapazito com ar benévolo, e disse-lhe:
(He) smiled at the little boy with air benevolent and told him

"Então sempre desejas trocar?"
Then always (you) desire to change
     (still)   (places)

"Querias porventura, se pudesses, deixar as tuas pernas
(Do you) want   by chance   if   (you) could   leave   the   your   legs
                                                        ()

valentes e as tuas faces coradas, pelo prazer de ter
able   and   the   your   cheeks   ruddy   for the   pleasure   of   to have
            ()

uma carruagem e andar bem vestido?"
a   carriage   and   to walk   well   dressed

"Oh! não, por coisa nenhuma!" replicou Martinho. "Eu,"
Oh   not   for   thing   none   replied   Martin   I

disse o fidalguinho, "de boa vontade seria pobre, se
said   the   noble man   of   good   will   (I) would be   poor   if

tivesse saúde. Mas, como Deus quis que fosse aleijado
(I) had   (good) health   But   as   God   wanted   that   (I) was   cripple

e doente, sofro os meus males com paciência e faço
and   sick   (I) suffer   the   my   ills   with   patience   and   (I) make
                        ()

por ser alegre, dando graças a Deus pelos bens que
for   to be   joyful   giving   graces   to   God   for the   good things   that

me concedeu na sua infinita misericórdia."
me   (he) granted   in   his   infinite   mercy

61   O Rico E O Pobre

"Faz o mesmo, meu amiguinho, e lembra-te que, se és
Do the same my little friend and remember that (even) if (you)
(yourself)

pobre e comes mal, tens força e saúde, coisas que
poor and (you) eat badly (you) have force and health things that

valem mais que uma carruagem, e que não podem
are worth more than a carriage and that not (they) can

comprar-se com dinheiro."
be bought with money

PRESENTE POR PRESENTE
Present   for   present

Um	grande	fidalgo,	que	se	tinha	perdido	numa	floresta,
A	great	nobleman	that	(himself) had (got)		lost	in a	forest

foi	dar	de	noite	à	choupana	de	um	pobre	carvoeiro.
was	to give (to spend)	of the (the)	night	at a	hut	of	a	poor	charcoal maker

Como	este	ainda	não	tinha	chegado,	foi	a	mulher	que
As	this one (he)	still	not	had	arrived	(it) was	the	woman	that

recebeu	o	importante	personagem.
received	the	important	personage

Acolheu-o	o	melhor	que	pôde,	desculpando-se	da
(She) accommodated him	the	best	that	(she) could	excusing herself	of the

miserável	hospitalidade	que	lhe	ia	dar,	porque	eram
miserable	hospitality	that	him	(she) went	to give	because	(there) w

batatas	cozidas	a	única	coisa	que	lhe	poderia	oferecer;
potatoes	boiled	the	only	thing	that	him	(she) could	offer

cama	não	a	tinha,	por	conseguinte	dormiria	sobre	a
bed	not	it (there)	had (was)	for	consequence	would sleep (he would have to sleep)	on	the

palha.
straw

Mas o estrangeiro estava morto de fome e de fadiga;
But the stranger was dead of hunger and of fatigue
(starving)

as batatas souberam-lhe mais do que faisões, e dormiu
the potatoes tasted-him better than pheasants and (he) slept

melhor em cima da palha do que num leito de príncipes.
better on top of the straw than in a bed of princes

Ao outro dia pela manhã disse isto mesmo à pobre
At the other day for the morning (he) said this same to the poor
(next) (in the)

mulher, gratificando-a ao despedir-se com uma moeda de
woman thanking her at the dispatching himself with a coin of
(saying goodbye)

ouro.
gold

Mas, como o desconhecido lhe tinha dito que a
But as the stranger her had said that it

guardasse como uma pequena lembrança, a boa
kept as a small souvenir the good
(she should keep)

camponesa julgou que seria uma medalha, e sentiu que
peasant woman judged that (it) would be a medal and felt sorry that
(thought)

não tivesse um buraquito para a trazer ao pescoço.
not (it) had a hole to it (be able to) carry around the neck

65　Presente Por Presente

Quando o carvoeiro chegou a casa, contou-lhe logo o
When the charcoal maker arrived at the house recounted him soon about
(she told him)

que lhe tinha acontecido, mostrando-lhe a moeda preciosa.
what her had happened showing him the coin precious

O carvoeiro examinou os cunhos e o valor da moeda
The charcoal maker examined the imprints and the value of the coin

de ouro, e disse para a mulher:
of gold and said to the woman

"Esse forasteiro era nada mais nada menos do que o
This stranger was nothing more nothing less than the ( )

nosso príncipe!"
our prince

E o bom do homem não podia conter-se de alegria,
And the good of the man not could contain himself of joy
( )

por sua alteza ter achado as suas batatas melhores
for his highness to have found the his potatoes better
( )

do que faisões.
than pheasants

"É necessário confessar," disse ele com um ar triunfante,
(It) is necessary to confess said he with an air triumphant

"que não há talvez no mundo um terreno mais
that not has perhaps in the world a terrain more
(there is)

favorável do que este para a cultura das batatas; hei-de
favourable than this to the culture of the potatoes (I) have to
(growing) (of)

lhe levar um cesto delas, já que as acha tão boas."
him bring a chest of those already that them (he) finds so good
(there)

E partiu imediatamente para o palácio com uma provisão
And (he) left immediately to the palace with a provision
(supply)

de batatas escolhidas.
of potatoes chosen

Os lacaios e as sentinelas ao princípio não o queriam
The footmen and the sentries at the beginning not him wanted

deixar entrar; mas insistiu energicamente, dizendo que não
to let enter but (he) insisted energetically saying that not

vinha pedir nada, e que pelo contrário vinha trazer
(he) came to ask for nothing and that on the contrary (he) came to bring

alguma coisa.
some thing
[something]

Foi, pois, introduzido na sala da audiência.
(He) was therefore introduced in the room of the audience

"Meu senhor," disse ele ao príncipe: "Vossa alteza
My Lord said he to the prince Your highness

dignou-se recentemente pedir hospitalidade a minha mulher,
deigned himself recently to ask for hospitality to my wife

e dar-lhe uma peça de ouro, em troca duma enxerga
and to give her a piece of gold in exchange of a straw filled mattr[e]

miserável e de um prato de batatas cosidas. Era pagar
miserable and of a plate of potatoes cooked (It) was pay

demasiadamente, apesar de serdes um príncipe muito rico
too much despite of to be a prince very rich

e poderoso. Eis o motivo porque eu venho trazer ainda
and powerful This is the reason why I come to bring still

a vossa alteza um cestito das batatas, que vos
to your highness a little chest of potatoes, that you

souberam melhor do que os vossos faisões."
had tasted better than the your pheasants
(found to taste)   ()

"Dignai-vos aceitá-las, e, se nos fizerdes de novo a
Deign yourself (to) accept them and if us (you) make of new [again] the

honra de ser nosso hospede, lá as encontrareis sempre
honor of to be our lodger there them you will find always

ao vosso dispor."
to your disposal

A honrada simplicidade do camponês agradou ao príncipe,
The honest simplicity of the peasant pleased (to) the prince

e, como estava num momento de bom humor, fez-lhe
and as (he) was in a moment of good mood made him

doação de uma quinta com trinta jeiras de terra.
(a) donation of a farm with thirty acres of land

Ora o carvoeiro tinha um irmão muito rico, mas
However the charcoal maker had a brother very rich but

invejoso e avarento, que, sabendo da fortuna do irmão
jealous and miserly that knowing of the fortune of the brother

mais novo, disse consigo:
most new said to himself
     (recent)

"Porque não me há de suceder a mim outro tanto? O
Why / not / me / has / of / () / to occur / to / me / another / such way / The

príncipe gosta do meu cavalo, pelo qual lhe pedi
prince / likes / of the / () / my / horse / for / which / him / (I) asked

sessenta libras, que ele me recusou. Vou-lhe fazer
sixty / pounds / which / he / me / refused / (I) will him / make

presente dele: se deu ao João uma quinta com trinta
(a) present / of it / if / (he) gave / to the (to) / Joano / a / farm / with / thirty

jeiras de terra, simplesmente por um cesto de batatas,
acres / of / land / simply / for / one / chest / of / potatoes

a mim com certeza me há de recompensar ainda mais
to / me / with / certainty / me / (he) has / of () / to reward / even / more

generosamente."
generously

Tirou o cavalo da estrebaria e levou-o para defronte
(He) pulled / the / horse / from the / stable / and / led it / to () / in front

das portas do palácio; recomendou ao criado que o
of the / gates / of the / palace / (he) recommended / to the / servant / that / it

segurasse, e, atravessando com ar altivo as alas dos
(he) would secure / and / crossing / with / air / aloof / the / sections / of the

lacaios, penetrou na sala da audiência.
footmen / (he) entered / in the / room / of the () / audience

"Ouvi dizer," disse ele, "que vossa alteza gosta do meu
(I) heard say said he that your highness likes of the my
()

cavalo; não tenho querido trocá-lo a dinheiro, mas
horse not (I) have wanted (to) exchange it for money but

dignai-vos permitir-me que vo-lo ofereça."
deign yourself to allow me that you it (I) offer

O príncipe viu imediatamente onde o nosso homem
The prince saw immediately where the our man
(what) ()

queria chegar, e disse consigo: "Deixa estar, tratante,
wanted to arrive and said to himself Let be crook
(accomplish) (it)

que te vou dar a paga que mereces:"
that you (I) go give the payment that (you) deserve

Depois dirigindo-se a ele:
Then directing himself to him

"Aceito a tua dádiva, mas não sei como agradecer-ta
(I) accept to your gift but not (I) know how to thank you

condignamente. Oh! espera um pouco:"
as much worthily Oh wait a bit

"Eis aqui um cesto de batatas mais saborosas do que
There is / here / a / chest / of / potatoes / more / flavorful / of / than
( )

faisões. Custaram-me trinta jeiras de terra. Parece-me que
pheasants / (They) cost me / thirty / acres / of / land / Seems me / that
(It seems to me)

é um bom preço para um cavalo, que eu poderia ter
(it) is / a / good / price / for / a / horse / that / I / could / have

comprado por sessenta libras."
bought / for / sixty / pounds

E entregando-lhe o cesto, mandou-o embora.
And / handing him over / the / chest / (he) ordered / him / off
(out)

O MALMEQUER
The   Marigold

No   campo,   junto   da   estrada   real,   havia   uma   casinha
In the field   next   to the road   royal   had   a   little house
                                                            (there was)

muito   bonita,   que   deveis   ter   visto   muitas   vezes.   Há   na
very   pretty   that   (you) must have   seen   many   times   Has   in
                                                                     (It has)

frente   um   jardinzinho   com   flores,   rodeado   por   uma   sebe
front   a   little garden   with   flowers   encircled by   a   hedge

verdejante.   Ali   perto   nas   bordas   do   valado,   no   meio   da
green   There   close   in the   borders   of the ditch   in the middle   of the

erva   espessa,   floria   um   pequenino   malmequer.
grass   thick   flowered   a   tiny   marigold

Desabrochava   a   olhos   vistos,   graças   ao   sol,   que   repartia
Bloomed   to   eyes   seen   thanks   to the sun   that   distributed
(It bloomed)   [fast   ]

igualmente   a   sua   luz   tanto   por   ele   como   pelas   grandes
equally   the   its   light   in such a way for   it   as   for the   great
             ()

e   maravilhosas   flores   do   jardim.
and   wonderful   flowers   of the   garden

Uma bela manhã, já inteiramente aberto, com as
One beautiful morning already entirely opened with the

folhinhas alvas e brilhantes, parecia um sol em miniatura
folds white and shining seemed a sun in miniature
(it seemed)

circundado dos seus raios. Pouco se lhe dava que o
surrounded of the its rays Little itself it gave that it
(of) (cared)

vissem no meio da erva e não fizessem caso dele,
saw in the middle of the grass and not made case of it
(was located) (none) (heeded) (importance)

pobre florinha insignificante. Vivia satisfeito, aspirando
(the) poor little flower insignificant Lived satisfied inhaling
(It lived)

deliciosamente o calor do sol, e ouvindo o canto da
deliciously the heat of the sun and hearing the song of the

cotovia, que se perdia nos ares.
lark that itself lost in the airs
(air)

Nesse dia o pequeno malmequer, apesar de ser numa
On this day the small marigold despite of to be in a

segunda-feira, sentia-se tão feliz como se fosse um
second show felt itself so happy as if (it) was a
(class)

domingo.
sunday

75 O Malmequer

Enquanto as crianças sentadas nos bancos da escola
While *the* *children* *seated* *in the* *banks* *of the* *school*

estudavam a lição, ele, sentado na haste verdejante,
studied *the* *lesson* *it* *seated* *on the* *stem* *green*

estudava na formosura da natureza a bondade de Deus,
studied *on the* *beauty* *of the (of)* *nature* *the* *goodness* *of* *God*

e tudo o que sentia misteriosamente, em silêncio, julgava
and *everything* *that* *what* *(it) felt* *mysteriously* *in* *silence* *(it) judged*

ouvi-lo traduzido com
heard it *translated* *with*

admirável nitidez nas canções alegres da cotovia.
admirable *clearness* *in the* *songs* *joyful* *of the* *lark*

Por isso pôs-se a olhar com uma espécie de respeito,
For *this* *put itself* *to* *look at* *with* *one* *species* *of* *respect*

mas sem inveja, para essa avezinha feliz que cantava
but *without* *envy* *at* *this* *small bird* *happy* *that* *sang*

e voava.
and *flied*

"Eu vejo e oiço", pensou o malmequer; "o sol
I see and hear thought the marigold the sun

aquece-me e o vento acaricia-me. Oh! não tenho razão
warms me and the wind caresses me Oh not (I) have reason

de me queixar."
of me to complain
() (complaining)

Dentro da sebe havia muitas flores altivas, aristocráticas;
Inside of the hedge had many flowers high aristocratic
(there were)

quanto menos aroma tinham, mais orgulhosas se
so much less smell (they) had more proud themselve
(the more)

aprumavam. As dálias inchavam-se para parecerem maiores
(they) held upright The dahlias swelled themselves to seem bigger

do que as rosas; mas não é o tamanho que faz a
than the roses but not (it) is the size that makes the

rosa. As tulipas brilhavam pela beleza das suas cores,
rose The tulips shone for the beauty of the their colors
(with the) (of)

pavoneando-se pretensiosamente.
flaunting themselves pretentiously

Não se dignavam de lançar um olhar para o pequeno
Not themselves (they) deigned of to launch one look at the small

malmequer, enquanto que o pobrezinho admirava-as,
marigold while that the little poor one admired them

exclamando: "Como são ricas e bonitas! A cotovia irá
exclaiming How (they) are rich and beautiful The lark will go

certamente visitá-las. Graças a Deus, poderei assistir a
certainly (to) visit them Thanks to God (I) will be able to attend to

este belo espectáculo."
this beautiful show

E no mesmo instante a cotovia dirigiu o seu voo, não
And in the same instant the lark directed the its flight not
()

para as dálias e tulipas, mas para a relva, junto do
to the dahlias and tulips but to the grass next to the

pobre malmequer, que morto de alegria não sabia o
poor marigold that died of joy not knew that

que havia de pensar.
what (it) had of to think

O passarinho pôs-se a saltitar à roda dele, cantando:
The little bird put itself (started) to trip around of it singing

"Como a erva é macia! oh! que encantadora florinha,
How the grass is soft oh that charming little flower

com um coração de oiro, vestida de prata!"
with one heart of gold dressed of silver

Não se pode fazer ideia da felicidade do malmequer. A
Not one can make idea of the happiness of the marigold The

ave acariciou-o com o bico, cantou outra vez diante
bird caressed it with the beak sang another time in front

dele, e perdeu-se depois no azul do firmamento.
of it and lost itself (flew off) then into the blue of the firmament

Durante mais de um quarto de hora não pôde o
During more of one quarter of hour not could the

malmequer reprimir a sua comoção.
marigold restrain to its commotion (emotion)

Meio envergonhado, mas todo contente, olhou para as
Half ashamed but totally content looked at the

outras flores do jardim, que, como testemunhas da honra
other flowers of the garden that as witnesses of the honor

que acaba de receber, deviam avaliar muito bem a sua
that finished of to receive had evaluate very well to its
(just had) (should)

alegria natural; mas as tulipas estavam cada vez mais
joy natural but the tulips were each time more

aprumadas; a sua haste vermelha e pontiaguda
straighter to their stem red and pointedly

manifestava o despeito.
manifested the spite

As dálias tinham a cabeça toda inchada.
The dahlias had the head all swelled

Se elas pudessem falar, teriam dito coisas bem
If they could speak (they) would have said things well

desagradáveis ao pobre malmequer.
unpleasant to the poor marigold

A florinha viu isto, e ficou triste.
The little flower saw this and became sad

Passados alguns momentos, entrou no jardim uma
Passed some moments entered in the garden a
(Having passed)

rapariguita com uma grande faca afiada e brilhante,
little reaper girl with a great knife sharp and shining
(flower cutter girl)

aproximou-se das tulipas, e cortou-as uma a uma.
approached (of) the tulips and cut them one by one

"Que desgraça!" disse o malmequer suspirando; "é
What disgrace said the marigold sighing (it) is

horrível; foram-se todas."
horrible are going all
(they're going)

E enquanto a rapariguinha levava as tulipas, o
And while the little reaper girl took the tulips the
(flower cutter girl)

malmequer alegrara-se por ser simplesmente uma
marigold cheered itself for to be simply a

pequenina flor no meio da erva.
tiny flower in the middle of the grass

Apreciando — Appreciating
reconhecido — (he) recognized
a — the
bondade — goodness
de — of
Deus, — God
cerrou — closed
ao — at the

cair — to fall (falling)
da — of the
tarde — afternoon
as — the ()
suas — its
folhas, — leaves
adormeceu, — fell asleep
e — and
sonhou — dreamed

toda — all
a — the
noite — night
com — with (of)
o — the
sol — sun
e — and
com — with (of)
a — the
cotovia. — lark

No — In the
dia — day
seguinte — following
de — of (in the)
manhã, — morning
assim — just
que — that
o — the
malmequer — marigold

abriu — opened
as — the ()
suas — its
folhas — leaves
ao — to the
ar — air
e — and
à — to the
luz, — light
reconheceu — (it) recognized
a — the

voz — voice
do — of the
passarinho, — little bird
mas — but
o — the ()
seu — its
canto — song
era — was
triste, — sad

muitíssimo — very much
triste. — sad
A — The
pobre — poor
cotovia — lark
tinha — had
boas — good
razões — reasons
para — to

se — itself
afligir: — afflict (pain)
haviam-na — (they) had it
agarrado — grabbed (caught)
e — and
metido — put
numa — in a
gaiola, — cage

suspensa — suspended
entre — between (in)
uma — a
janela — window
aberta. — opened

Cantava a alegria da liberdade, a beleza dos campos e
Sang of joy of the freedom the beauty of the fields and
(It sang)

as suas antigas viagens através do espaço ilimitado.
the its old travels through of the space unlimited
()

O pequenino malmequer tinha boa vontade de lhe
The tiny marigold had good will of it

acudir: mas como? Era difícil.
to rescue but how Was difficult
(It was)

A compaixão pelo pobre passarinho prisioneiro, fez-lhe
The compassion for the poor little bird prisoner, made it

esquecer inteiramente as belezas que o cercavam, o
forget entirely the beauties that it surrounded, the

doce calor do sol e a alvura resplandecente das suas
sweet heat of the sun and the whiteness radiating of its

próprias folhas.
own leaves

Nisto dois rapazinhos entraram no jardim. O mais velho
In this two boys had entered in the garden The more old
(Meanwhile)

trazia na mão uma faca comprida e afiada como a da
brought in the hand a knife long and sharp as that of the

pequerrucha, que tinha cortado as tulipas.
little one that had cut the tulips

Encaminharam-se para o malmequer, que não podia
(They) directed themselves to the marigold that not could

compreender o que desejavam.
understand that what (they) desired

"Podemos arrancar daqui um pedaço de relva para a
(We) can pull out from here a piece of grass for the

cotovia," disse um dos rapazes, e começou a fazer um
lark said one of the boys and started to make a

quadrado profundo à volta da florinha.
square deep around of the little flower
(the)

"Arranca   a   flor,"   disse   o   outro.
Pull out   the   flower   said   the   other one

A   estas   palavras   o   malmequer   estremeceu   de   terror.
At   these   words   the   marigold   quivered   of   terror

Arrancarem-no   era   morrer;
(They) to pull out it   was   to die

e   nunca   tinha   abençoado   tanto   a   existência,   como   no
and   never   (it) had   blessed   so much   the   existence   as   in the

momento   em   que   esperava   entrar   com   a   relva   na
moment   in   that   (it) waited   to enter   with   the   grass   in the

gaiola   da   cotovia.
cage   of the   lark

"Não;   deixemo-la,"   disse   o   mais   velho.
No   (let's) leave it   said   the   more   old

"Está   aí   muito   bem."
(It) is   there   very   well

Foi por conseguinte poupado, e entrou na gaiola da
(It) was for consequence saved and (it) entered in the cage of the
(as)

cotovia.
lark

O pobre passarinho, queixando-se amargamente do seu
The poor little bird complaining itself bitterly of the its
(of)

cativeiro, batia com as asas nos arames da gaiola.
captivity beat with the wings in the wires of the cage

O malmequer não podia, apesar dos seus desejos,
The marigold not could despite of the its desires
(of)

articular-lhe uma palavra de consolação.
to articulate him one word of consolation
(to convey him)

Passou-se assim toda a manhã.
Passed itself thus all the morning
(Passed by)

"Já   não   tenho   água,"   exclamou   a   prisioneira.
Already not (I) have water exclaimed the prisoner

"Saiu   toda   a   gente,   sem   me   deixarem   ao   menos   uma
Left   all   the   people   without   me   to leave   at the   least   a

gota   de   água.
drop   of   water

A   garganta   queima-me,   tenho   uma   febre   terrível,   sinto-me
The   throat   burns me   (I) have   a   fever   terrible   (I) feel

abafada!   Ai!   Não   há   remédio   senão   morrer,   longe   do
airless   Ai   Not   has   remedy   if not   to die   far   from the
                (there is)

sol   esplêndido,   longe   da   fresca   verdura   e   de   todas   as
sun   splendid   far   from the   fresh   green   and   from   all   the

magnificências   da   criação!"
magnificence   of the   creation

Depois   enterrou   o   bico   na   relva   húmida   para   se
Later   (it) buried   the   beak   in the   grass   wet   to   itself

refrescar   um   pouco.
refresh   a   little

87 O Malmequer

Viu (It) saw / então then / o the / malmequer; marigold / fez-lhe made it (gave it) / um a / sinal signal / de of (the) / cabeça head

amigável, friendly / e and / disse-lhe, said it / afagando-o: caresssing it / "Também Also / tu, you / pobre poor

florinha, little flower / morrerás (you) will die / aqui! here / Em In / vez time (stead) / do of the / mundo world / inteiro, entire / que that

eu I / tinha had / à to the (to) / minha mine / disposição, disposal / deram-me (they) gave me / um one / pedacito piece / de of

relva, grass / e and / a to / ti you / só only / por for / única only / companhia. company / Cada Each / pezinho piece

de of / relva grass / substitui substitutes / para for / mim me / uma a / árvore, tree / e and / cada each / uma one

das of the (of) / tuas your / folhas leaves / brancas, white / uma one / flor flower / odorífera. odorous / Ah! Ah / como how

me me / fazes (you) make / recordar remember / de of / todas all / as the / coisas things / que that / perdi!" (I) lost

88   O Malmequer

"Se eu pudesse consolá-la!" pensava o malmequer,
If   I   could   console her   thought   the   marigold

incapaz de fazer o mínimo movimento.
incapable of to make the least   movement

Contudo o perfume que ele exalava, tornou-se mais forte
However the perfume that it exhaled   turned itself more strong

que de costume; a cotovia sentiu-o, e, apesar da sede
than of normally the lark   smelled it and despite of the thirst
    ()

devoradora que a obrigava a arrancar a erva, teve todo
devouring that it compelled to pull out the grass had   all
                                              (it took)

o cuidado em não tocar nem sequer de leve na flor.
the care in not to touch nor at least of light in the flower
                                    [lightly] (the)

Caiu a noite; não estava ali ninguém, para trazer uma
Fell the night not (there) was there nobody to bring one

gota de água à desditosa cotovia;
drop of water to the unfortunate lark

Estendeu | então | as | suas | belas | asas, | sacudindo-as
(It) extended | then | the () | its | beautiful | wings | shaking them

convulsivamente, | e | pôs-se | a | cantar | uma | cançãozinha
convulsively | and | started | to | sing | a | little song

melancólica; | a | sua | cabecinha | inclinou-se | para | a | flor, | e
melancholic | the | its | little head | inclined itself | to | the | flower | and

o | seu | coração | quebrado | de | desejos | e | de | angústias
the | its | heart | broken | of | desire | and | of | distress

cessou | de | bater.
ceased | of () | to beat

Vendo | este | triste | espectáculo, | o | malmequer | não | pôde
Seeing | this | sad | show | the | marigold | not | could

como | na | véspera | fechar | as | suas | folhas | para | dormir;
as | in the | eve | close | the () | its | leaves | to | sleep

curvou-se | para | o | chão, | doente | de | tristeza.
bowed itself | to | the | ground | sick | of | sadness

Os rapazitos só voltaram no dia seguinte, e, vendo o
The boys only had come back on the day next and seeing the

passarinho morto, rebentaram-lhe as lágrimas e abriram
little bird died spilled him the tears and opened
(spilled for him)
()

uma cova.
a hollow

Meteram o cadáver dentro de uma caixa vermelha,
(They) put the corpse inside of a box red

lindíssima, fizeram-lhe um enterro de príncipe, e cobriram
very beautiful made it a burial of (a) prince and covered
(gave it)

o túmulo com folhas de rosas.
the tomb with leaves of roses

Pobre passarinho! Enquanto vivia e cantava, esqueceram-se
Poor little bird While (it) lived and sang (they) forgot

dele e deixaram-no morrer de fome na gaiola;
of it and left it to die of hunger in the cage

91 O Malmequer

depois de morto é que o choraram e lhe fizeram
after of death (it) is that it (they) cried and it made

honrarias pomposíssimas.
honors pompous

A relva e o malmequer lançaram-nas para a poeira da
The grass and the marigold launched they to the dust of the

estrada; daquele que com tanta ternura tinha amado a
road of that one that with so much tenderness had loved the

cotovia, ninguém se lembrou.
lark nobody itself remembered

O FATO NOVO DO SULTÃO
The suit new of the sultan

Era uma vez um sultão, que despendia em vestuário
Was one time a sultan that spent in clothes
(There was)

todo o seu rendimento. Quando passara revista ao
all the his income When (he) passed review to the
()

exercito, quando ia aos passeios ou ao teatro, não
army when (he) went on the strolls or to the theater not

tinha outro fim senão mostrar os seus fatos novos.
(it) had another end if not to show the his suits new
(reason) ()

Mudava de traje a todos os instantes, e como se diz
(He) changed of suit to all the instants and as one says
() ()

dum rei: "Está no conselho ;" dizia-se dele: "Está-se a
of a king Is himself in the council said one of him Is himself to
(He is) (in) (He is) ()

vestir. A capital do seu reino era uma cidade muito
dress The capital of the his kingdom was a city very
(dressing) (of)

alegre, graças à quantidade de estrangeiros que por ali
joyful thanks to the amount of foreigners that through there

passavam;"
passed

"mas chegaram lá um dia dois larápios, que, dando-se
but arrived there one day two thieves that giving themselves
[pretending to be

por tecelões, disseram que sabiam fabricar o estofo mais
for weavers said that (they) knew to manufacture the cloth most
]

rico que havia no mundo. Não só eram
expensive that had in the world Not only were
(there was)

extraordinariamente belos os desenhos e as cores, mas
extraordinarily beautiful the drawings and the colors but

além disso os vestuários feitos com esse estofo,
beyond of this the clothes made with this cloth

possuíam uma qualidade maravilhosa: tornavam-se invisíveis
possessed a quality wonderful turned themselves invisible
(they became)

para os idiotas e para todos aqueles que não
to the idiots and to all those that not
()

exercessem bem o seu emprego."
exerted well that their employment
(practised) ()

"São vestuários impagáveis," disse consigo o sultão;
Are clothes priceless said to himself the sultan
(They are)

"graças a eles, saberei distinguir os inteligentes dos
thanks to them (I) will know to distinguish the intelligent from the

tolos, e reconhecer a capacidade dos ministros. Preciso
fools and to recognize the capacity of the ministers (I) have need

desse estofo!"
of this cloth

E mandou em seguida adiantar aos dois charlatães uma
And (he) ordered in following to advance to the two charlatans an
(then)

quantia avultada, para que pudessem começar os
amount large for that (they) could start the

trabalhos imediatamente.
works immediately

Os homens levantaram com efeito dois teares, e fingiram
The men raised with effect two looms and pretended
(in)

que trabalhavam, apesar de não haver absolutamente
that (they) worked despite of not to have absolutely
(having)

nada nas lançadeiras. Requisitavam seda e oiro fino a
nothing in the shuttles Sollicited silk and gold fine at
(They asked for)

todo o instante;
all the instant

mas guardavam tudo isso muito bem guardado,
but kept all this very well kept

trabalhando até à meia noite com os teares vazios.
working even to the middle (of the) night with the looms empty

"Preciso saber se a obra vai adiantada."
(I) need to know if the work goes in advance
(on)

Mas tremia de medo ao lembrar-se que o estofo não
But (he) trembled of fear to the to remember himself that the cloth not
(at) (remembering)

podia ser visto pelos idiotas. E, apesar de ter confiança
could be seen by the idiots. And despite of to have confidence
(by) (having)

na sua inteligência, achou prudente em todo o caso
in the his intelligence found prudent in all the case
(in) (thought it) (any) ()

mandar alguém adiante.
to send somebody ahead

Todos os habitantes da cidade, conheciam a propriedade
All the inhabitants of the city knew the property

maravilhosa do estofo, e ardiam em desejos de verificar
wonderful of the cloth and burned in desires of to verify
(desire)

se seria exacto.
if (it) would be true

97 O Fato Novo Do Sultão

"Vou mandar aos tecelões o meu velho ministro," pensou
(I) go send to the weavers the my old minister thought
()

o sultão; "tem um grande talento, e por isso ninguém
the sultan (he) has a great talent and for this nobody

pode melhor do que ele avaliar o estofo."
can better of it than he to evaluate the cloth

O honrado ministro entrou na sala em que os dois
The honoured minister entered in the room in which the two

impostores trabalhavam com os teares vazios.
imposters worked with the looms empty

"Meu Deus!" disse ele consigo arregalando os olhos,
My God said he by himself adjusting the eyes

"não vejo absolutamente nada!"
not (I) see absolutely nothing

Mas no entanto calou-se. Os dois tecelões convidaram-no
But in the meanwhile (he) was silent The two weavers invited him

a aproximar-se, pedindo-lhe a sua opinião sobre os
to approach himself asking him to his opinion on the
(approach) (for)

desenhos e as cores. Mostraram-lhe tudo, e o velho
designs and the colors Showed him everything and the old
(They showed him)

ministro olhava, olhava, mas não via nada, pela razão
minister looked looked but not saw nothing for the reason

simplicíssima de nada lá existir.
very simple of (there was) nothing there to exist
(that)

"Meu Deus!" pensou ele, "serei realmente estúpido? É
My God thought he would really dumb Is
(I) be (It is)

necessário que ninguém o saiba! ... Ora esta! Pois serei
necessary that nobody it knows Now this Therefore (I) will be

tolo realmente! Mas lá confessar que não vejo nada,
fool really But there to confess that not (I) see nothing

isso é que eu não confesso."
that is what I not (will) confess

"Então que lhe parece?" perguntou um dos tecelões:
Then what (to) you seems asked one of the weavers
(how) (does it seem)

"Encantador, admirável!" respondeu o ministro, pondo os
Charming admirable answered the minister putting on the

óculos. "Este desenho... estas cores... magnífico! ... Direi
glasses This design these colors magnificent (I) will say

ao sultão que fiquei completamente satisfeito."
to the sultan that remained completely satisfied
(I was)

"Muito agradecido, muito agradecido," disseram os tecelões;
Much obliged much obliged said the weavers

e mostraram-lhe cores e desenhos imaginários, fazendo-lhe
and showed him colors and designs imaginary making him
(making for him)

deles uma descrição minuciosa. O ministro ouviu
of them a description meticulous The minister listened

atentamente, para ir depois repetir tudo ao sultão.
intently to go later repeat everything to the sultan

Os impostores requisitavam cada vez mais seda, mais
The imposters requested each time more silk more

prata e mais oiro; precisavam-se quantidades enormes
silver and more gold (they) needed amounts huge

para este tecido. Metiam tudo no bolso, é claro; o
for this weaving Put everything in the pocket (that) is clear the
(They put)

tear continuava vazio, e apesar disso trabalhavam sempre.
loom continued empty and despite of this (they) worked always

Passado algum tempo, mandou o sultão um novo
Passed some time sent the sultan a new
(They passed)

funcionário, homem honrado, a examinar o estofo, e ver
official man honoured to examine the cloth and to see

quando estaria pronto. Aconteceu a este enviado o que
when (it) would be ready Occurred with this sent that what
(There occurred) (sent person)

tinha acontecido ao ministro: olhava, olhava e não via
had happened to the minister (he) looked (and) looked and not saw

nada.
nothing

"Não acha um tecido admirável?" perguntaram os
Not   find   a   cloth   admirable   asked   the
[Don't   you think it's]

tratantes, mostrando o magnífico desenho e as belas
crooks   showing   the   magnificent   design   and the beautiful

cores, que tinham apenas o inconveniente de não existir.
colors   that   had   only   the   inconveniency   of   not   to exist

"Mas que diabo! Eu não sou tolo!" dizia o homem
But   what   devil   I   not   am   dumb   said   the   man

consigo. "Pois não serei eu capaz de desempenhar o
to himself   Then   not   would be   I   capable   of   to perform in   the
()

meu lugar? É esquisito! mas deixá-lo, não o deixo eu."
my   position   Is   strange   but   leave it   not   it   (will) quit   I
(function)   (It is)

Em seguida elogiou o estofo, significando-lhes toda a sua
Subsequently   (he) praised   the   cloth   indicating them   everyone   at the   his
(at)

admiração pelo desenho e o bem combinado das cores.
admiration   for the   design   and the good   combination   of the   colors

"É duma magnificência incomparável," disse ele ao sultão.
(It) is of a magnificence incomparable said he to the sultan

E toda a cidade começou a falar desse tecido
And all the city started to speak of this cloth

extraordinário.
extraordinary

Enfim o próprio sultão quis vê-lo enquanto estava no
At last the himself sultan wanted to see it while (it) was in the

tear. Com um grande acompanhamento de pessoas
loom With a great company of people

distintas, entre as quais se contavam os dois honrados
distinct between the which themselves counted the two honoured
() (were)

funcionários, dirigiu-se para as oficinas, em que os dois
officials directed themselves to the workshops in which the two

velhacos teciam continuamente, mas sem fios de seda,
tricksters weaved continuously but without threads of silk

nem de oiro, nem de espécie alguma.
nor of gold nor of sort any

"Não   acha   magnífico?"   disseram   os   dois   honrados
Not   find   magnificent   said   the   two   honoured
[Don't you think it's]

funcionários.   "O   desenho   e   as   cores   são   dignos   de
officials   The   design   and   the   colors   are   worthy   of

vossa   alteza."
your   highness

E   apontaram   para   o   tear   vazio,   como   se   as   outras
And (they) pointed to   the   loom   empty   as   if   the   other

pessoas   que   ali   estavam   pudessem   ver   alguma   coisa.
people   that   there were   could   see   some   thing

"Que   é   isto!"   disse   consigo   mesmo   o   sultão,   "não   vejo
What   is   this   said   to himself same   the   sultan   not   (I) see

nada!   É   horrível!   serei   eu   tolo,   incapaz   de   governar   os
nothing (It) is horrible   would be I   fool   incapable   of   to govern   the
                                                                                    ()

meus   estados?   Que   desgraça   que   me   acontece!"
my   estates   What   (a) disgrace that   me   happens
        (lands)

Depois   de   repente   exclamou:
Then   suddenly   (he) exclaimed

"É magnífico! Testemunho-vos a minha satisfação."
(It) is magnificent Be ensured of my satisfaction
(yourselves)

E meneou a cabeça com um ar satisfeito, e olhou
And (he) shook the head with an air satisfied and looked

para o tear, sem se atrever a declarar a verdade.
at the loom without himself to dare to declare the truth

Todas as pessoas de seu séquito olharam do mesmo
All the people of his entourage looked at of the same

modo, uns atrás dos outros, mas sem ver coisa
way ones after (of) the others but without to see thing
(one) (other)

alguma, e no entanto repetiam como o sultão: "É
any and in the meanwhile (they) repeated as the sultan (It) is

magnífico!" Até lhe aconselharam a que se apresentasse
magnificent Even him (they) advised to that himself (he) presented

com o fato novo no dia da grande procissão.
with the clothing new on the day of the great procession

"É magnífico! é encantador! é admirável!" exclamavam
(It) is magnificent (it) is charming (it) is admirable exclaimed

todas as bocas, e a satisfação era geral.
all the mouths and the satisfaction was general

Os dois impostores foram condecorados e receberam o
The two imposters were decorated and received the

titulo de fidalgos tecelões.
title of nobles weavers

Na véspera do dia da procissão passaram a noite em
On the eve of the day of the procession (they) passed the night in

claro, trabalhando à luz de dezasseis velas. Finalmente
clarity working to the light of sixteen candles Finally

fingiram tirar o estofo do tear, cortaram-no com umas
(they) pretended to take the cloth from the loom (they) cut it with a

grandes tesouras, coseram-no com uma agulha sem fio,
great scissor (they) sew it with a needle without wire

e declararam, depois disto, que estava o vestuário
and (they) declared then of this that was the clothing

concluído.
finished

O sultão com os seus ajudantes de campo foi
The sultan with (the) his adjutants of field came

examiná-lo, e os impostores levantando um braço, como
to examine it and the imposters raising one arm as

para sustentar alguma coisa, disseram:
to support something said

"Eis as calças, eis a casaca, eis o manto. Leve como
Here is the pants here is the coat here is the mantle Light as
(Here are)

uma teia de aranha; é a principal virtude deste tecido."
a web of spider (it) is the main virtue of this cloth

"Decerto," respondiam os ajudantes de campo, "sem ver
Certainly answered the adjutants of field without to see

coisa alguma."
thing any

"Se vossa alteza se dignasse despir-se," disseram os
If your highness himself deigned to undress himself said the

larápios, "provar-lhe-íamos o fato diante do espelho."
pilferers to try it - let's go the clothing in front of the mirror
(let's go try it on)

O sultão despiu-se, e os tratantes fingiram apresentar-lhe
The sultan undressed himself and the crooks pretended to present him

as calças, depois a casaca, depois o manto. O sultão
the pants then the coat then the mantle The sultan

tudo era voltar-se defronte do espelho.
everything was to turn himself in front of the mirror

"Como lhe fica bem! que talhe elegante!" exclamaram
How you (it) fits well what (a) cut elegant exclaimed

todos os cortesãos. "Que desenho! que cores! que
all the courtiers What (a) design what colors what

vestuário incomparável!"
clothes incomparable

Nisto entrou o grão-mestre de cerimónias.
In this entered the suprememaster of ceremonies

"Está à porta o dossel sobre que vossa alteza deve
Is at the door the canopy on which your highness must (should)

assistir à procissão," disse ele.
assist to the procession said he

"Bom!   estou   pronto,"   respondeu   o   sultão.   "Parece-me   que
Good   (I) am   ready   answered   the   sultan   Parece   me   that

não   vou   mal."
not   (I) go   badly

E   voltou-se   ainda   uma   vez   diante   do   espelho,   para   ver
And   turned himself   still   one   time   in front   of the   mirror   to   see

bem   o   efeito   do   seu   esplendor.   Os   camaristas   que
well   the   effect   of   his   splendor   The   chamberman   that

deviam   levar   a   cauda   do   manto,   não   querendo   confessar
had to   lift   the   tail   of the   mantle   not   wanting   to confess

que   não   viam   absolutamente   nada,   fingiam   arregaçá-la.
that   not   (he) saw   absolutely   nothing   pretended   arrange   it

E,   enquanto   o   sultão   caminhava   altivo   sob   um   dossel
And   while   the   sultan   walked   high   under   a   canopy

deslumbrante,   toda   a   gente   na   rua   e   às   janelas
dazzling   all   the   people   in the   street   and   at the   windows

exclamava: "Que   vestuário   magnífico!   Que   cauda   tão
exclaimed   What   clothes   magnificent   What   tail   so

graciosa!
gracious

Que talhe elegante! " Ninguém queria dar a perceber,
What cut elegant Nobody wanted to give to perceive

que não via nada, porque isso equivalia a confessar
that not (he) saw nothing because this was equivalent to confess

que se era tolo. Nunca os fatos do sultão tinham sido
that himself (he) was fool Never the clothes of the sultan had been

tão admirados.
so admired

"Mas parece que vai em cuecas, "observou um
But (it) seems that (he) goes in underwear observed a

pequerrucho, ao colo do pai.
little one on the lap of the father

"É a voz da inocência, "disse o pai.
Is the voice of the innocence said the father
(It is) (of)

"Há ali uma criança que diz que o sultão vai em
Has there a child that says that the sultan goes in
(Is)

cuecas. "
underwear

110   O Fato Novo Do Sultão

"Vai em cuecas! vai em cuecas!" exclamou o povo
(He) goes in underwear (he) goes in underwear exclaimed the people

finalmente.
finally

O sultão ficou muito aflito porque lhe pareceu que
The sultan remained very aflicted because it seemed that
(became)

realmente era verdade. Entretanto tomou a enérgica
really (it) was (the) truth However (he) took the energetic

resolução de ir até ao fim, e os camaristas submissos
resolution of to go even to the end and the camaristas submissive

continuaram a levar com respeito a cauda imaginária.
continued to lift with respect the tail imaginary

111   O Fato Novo Do Sultão

JOÃO E OS SEUS CAMARADAS
Joano · and · (the) · his · friends

Era uma vez uma viúva com um filho único. Ao cabo
(There) was · one · time · a · widow · with · a · son · only · Towards · end
(Towards the)

dum Inverno rigoroso, possuía apenas um galo, e meio
of a · winter · severe · (she) possessed · only · one · rooster · and · half

alqueire de farinha. João resolveu-se a correr mundo, à
(a) bushel · of · flour · Joano · decided · to · go · (the) world · to the
(go into) · (in)

busca de fortuna. A mãe cozeu o resto da farinha,
search · of · fortune · The · mother · cooked · the · remaining portion of the · flour

matou o galo, e disse-lhe:
killed · the · rooster · and · said him

"O que é que preferes: metade desta merenda com a
What · it · is · that · (you) prefer · half · of this · food · with · the
()

minha bênção, ou toda com a minha maldição?"
my · blessing · or · all · with · the · my · curse
()

"Que pergunta!" respondeu o pequeno. "Nem por quantos
What (a) question answered the little one Not for so many
(any)

tesouros há no mundo eu quereria a tua maldição."
treasures has in the world I would want the your curse
(there are) ()

"Bem," meu filho, "replicou a mãe carinhosamente. Leva
Well my son responded the mother affectionately Take

tudo, e Deus te abençoe."
everything and God you bless

E partiu. Foi andando, andando, até que encontrou um
And (he) left (He) was walking walking until that (he) found a

jumento, que tinha caído num atoleiro, donde não podia
donkey that had fallen in a bog of where not (he) could

sair.
leave

"Oh! João," exclamou o burro, "tira-me daqui, que estou
Oh Joano exclaimed the donkey pull out me from here that (I) am

quase a afogar-me."
almost to drown me
        (drown)

"Espera," respondeu João.
Wait responded Joano

E, formando uma ponte com pedras e ramos de
And forming a bridge with rocks and branches of

árvores, conseguiu tirar o quadrúpede do atoleiro.
trees succeeded to pull the quadruped from the bog
                                (fourlegged creature)

"Obrigado," disse-lhe ele, aproximando-se de João. "Se te
(I'm) obliged said him he approaching (of) Joano If (to) you
                          (himself)

posso ser útil, aqui me tens ao teu dispor. Aonde vais
(I) can be useful here me (you) have to the your disposal Where go
                                    (to)

tu?"
you

"Vou   por   esse   mundo   fora,   a   ver   se   ganho   a   minha
(I) go   through   this   world   out   to   see   if   (I can) earn   (to)   my

vida."
life
(living)

"Queres   tu   que   eu   te   acompanhe?"
Want   you   that   I   you   accompany

"Anda   daí."
Let's go   from there
(here)

E   puseram-se   a   caminho.
And   (they) set themselves   to   (the) road

Ao   passarem   por   uma   aldeia,   viram   um   cão   perseguido
At the   passing   of   a   village   (they) saw   a   dog   pursued

pelos   rapazes   da   escola,   que   lhe   tinham   atado   ao   rabo
by   boys   of   (a) school   that   him   had   tied   to the   tail

uma   chocolateira   velha.
an   chocolate kettle   old

O	pobre	animal	correu	para	João	que	o	acariciou,	e	o
The	poor	animal	ran	to	Joano	that	it	stroked	and	the

jumento	pôs-se	a	ornear	de	tal	maneira,	que	os
donkey	put itself	to	balk	of (in)	such	(a) way	that	the

rapazes	com	o	medo	deitaram	todos	a	fugir.
boys	with	the ( )	fear	put (he forced)	all	to	run away

"Obrigado,"	disse	o	rafeiro	a	João.
(I'm) obliged	said	the	rafeiro (Portuguese watchdog breed)	to	Joano

"Se	para	alguma	coisa	te	for	prestável,	aqui	me	tens
If	for	some	thing	you (to you)	(I) would be (useful)	practical	here	me	(you) have

às	tuas	ordens.	Aonde	vais	tu?"
to the (to)	your	orders	Where	go	you

"Vou	por	esse	mundo	de	Cristo,	a	ver	se	ganho	a
(I) go	through	this	world	of	Christ	to	see	if	(I can) gain	to ( )

minha	vida."
my	life (living)

"Queres que te acompanhe?"
(You) want / that / you / (I) accompany

"Anda daí."
Let's go / from there (here)

Quando saíram da aldeia pararam junto duma fonte. O
When (After) / (they) left / from the / village / (they) stopped / next / to a / source / The

pequeno tirou a merenda do alforge, e repartiu-a com o
little one / took / the / food / from the sack / and / shared it / with / the

cão.
dog

O burro pastou alguma erva que por ali havia.
The / donkey / grazed / some / grass / that / by / there / (it) had

Enquanto jantavam, apareceu um gato esfaimado a miar
While / (they) had supper / appeared / a / cat / famished / to / mew

lastimosamente.
pitifully

"Coitado!" exclamou João, e deu-lhe uma asa do frango.
Poor thing / exclaimed / Joano / and / gave it / a / wing / of / chicken

"Obrigado," disse o gato.
(I'm) obliged   said   the   cat

"Oxalá que um dia eu te possa ser útil. Aonde vais
Let's hope   that   one   day   I   you   can   be   useful   Where   go
(Arabic; Let God provide)   (to you)

tu?"
you

"Procurar trabalho. Se queres, anda connosco."
Procure   work   If   (you) want   walk   with us

"De boa vontade."
Of   good   will

Os quatro viajantes puseram-se a caminho.
The   four   travellers   set themselves off   on   (the) road

Ao cair da tarde, ouviram um grito dilacerante, e viram
To the   fall   of the   afternoon   (they) heard   a   scream   tearing   and   saw

uma raposa correndo a toda a brida com um galo na
a   fox   running   to   all   the   bridle   with   a   rooster   in the
[with   haste   ]

boca.
mouth

"Agarra!   agarra!"   bradou   o   pequeno   ao   cão.
Catch   catch   shouted   the   little one   to the   dog

E   no   mesmo   instante   o   cão   atirou-se   atrás   da   raposa,
And   in the   same   instante   the   dog   shot himself   after   of the   fox
(the)

que,   vendo-se   em   perigo,   largou   o   galo   para   correr
that   seeing himself   in   danger   released   the   rooster   to   run

melhor.   O   galo   saltando   de   contente   disse   a   João:
better   The   rooster   jumping   of   content   said   to   Joano
(happiness)

"Obrigado.   Salvas-te-me   a   vida.   Nunca   me   esquecerei.
(I'm) obliged   Save you me   the   life   Never   me   will forget
()   (I will forget that)

Aonde   vais   tu?"
Where   go   you

"Arranjar   trabalho.   Queres   vir   connosco?"
Arrange   work   Want   to come   with us
(Do you want)

"De boa vontade."
Of good will

"Então anda. Se te cansares, empoleira-te no jumento."
Then walk If yourself (you) tire perch yourself on the donkey

Os viajantes continuaram a jornada com o seu novo
The travellers continued the journey with the their new
()

companheiro.
companions

Sentiram-se todos fatigados e não avistavam à roda nem
(They) felt themselves all tired out and not (they) saw to the around neither
()

uma quinta, nem uma cabana.
a farmstead nor a hut

"Paciência," disse João, "outra vez seremos mais felizes.
Patience said Joano another time (we) will be more happy

Resignemo-nos hoje a dormir ao ar livre; além disso a
Let's resign ourselves today to sleep in the air free furthermore this the ()

noite está sossegada, e a relva é macia."
night is calm and the grass is soft

Dito isto estendeu-se no chão;
(Having) said this (he) extended himself on the soil (earth)

o jumento deitou-se ao lado dele, o cão e o gato
the donkey lay down itself at the side (of) his the dog and the cat

aninharam-se entre as pernas do burro complacente, e o
nestled themselves between the legs of the donkey complacent and the

galo empoleirou-se numa árvore.
rooster perched itself in a tree

Dormiam todos um sono profundíssimo, quando de
They slept / all / a / sleep / very deep / when / (all) of

repente o galo começou a cantar.
(a) sudden / the / rooster / started / to / sing (crow)

"Que demónio!" disse o jumento acordando todo zangado.
What / devil / said / the / donkey / waking up / all / angry

"Porque é que estás a gritar?"
For what / is (it) / that / (you) are / to () / shouting

"Porque já é dia," respondeu o galo. "Não vês ao
Because / already / (it) is / day / answered / the / rooster / Not / (you) see / into th

longe a luz da madrugada, que vem rompendo?"
distance / the / light / of / dawn / that / comes / breaking

"Vejo uma luz," disse João, "mas não é do sol, é
(I) see / a / light / said / Joano / but / not / (it) is / of the / sun / (it) is

duma lanterna."
of a / lantern

"Provavelmente há ali alguma casa, onde nos poderíamos
Probably   has there some house where in (we) could

recolher o resto da noite."
reap   the remaining portion of the night
(spend)

Foi aceita a proposta. Partiu a caravana; foi andando,
Was accepted the proposal Parted the caravan was walking

andando, através dos campos, até que parou junto da
walking through of the fields until that (it) stopped together of the

casa do guarda dum grande castelo, donde subiam
house of the guard of a great castle where from went up

gargalhadas, gritos confusos, cantos grosseiros e blasfémias
outbursts of laughter screams confused songs rudities and curses

horríveis.
horrible

"Escutem," disse João; "vamos devagarinho, muito
Listen   said Joano (we) go slowly very

devagarinho, a ver quem é que está lá dentro."
slowly   to see who (it) is that is there inside

Eram (There) were **seis** six **ladrões** thieves **armados** armed **de** of (with) **pistolas** pistols **e** and **de** of (with) **punhais,** daggers

que that **se** themselves **banqueteavam** feasted **alegremente,** joyfully **sentados** seated **a** at **uma** a **mesa** table

principesca. princely

"**Que** What **bom** good **assalto** assault **acabámos** finished [we just made] **de** of **dar,"** to give [ ] **disse** said **um** one **deles,** of them

"**ao** to the **castelo** castle **do** of the **conde,** earl **graças** thanks **ao** to the **auxilio** help **do** of the (of) **seu** his **porteiro.** doorkeeper

Que What **bom** good **homem** man **que** that **é** is **este** this **porteiro.** doorkeeper **À** To the (To) **sua** his **saúde!"** health

"**À** To the **saúde** health **do** of **nosso** our **amigo!"** friend **repetiram** repeated **em** in **coro** choir **todos** all **os** the

ladrões. thieves **E** And **dum** of one (in one) **trago** take (gulp) **despejaram** emptied **os** the **copos.** cups

João voltou-se para os companheiros, e disse-lhes em
Joano turned back himself to the companions and told them in

voz baixa:
voice low

"Uni-vos uns aos outros o melhor que puderdes, e,
Attach yourselves (the) ones to the others the best that (you) can and

assim que vos der sinal, rompei todos ao mesmo
thus that you (I) give signal break all at the same
break
(you break out)

tempo numa gritaria diabólica."
time in a shouting devilish

O burro, levantando-se nas patas traseiras, lançou as
The donkey raising itself on the paws back launched the
[hind legs]

mãos ao peitoril duma janela, o cão trepou-lhe à
paws to the sill of a window the dog climbed him onto the
(hoofs)

cabeça, o gato à cabeça do cão e o galo à cabeça
head the cat onto the head of the dog and the rooster onto the head

do gato.
of the cat

João deu o sinal, e estoirou à uma o ornear do
Joano gave the signal and exploded as one the balking of the
(the)

jumento, os latidos do cão, o miar do gato e os
donkey the barks of the dog the mewing of the cat and the

gritos estridentes do galo.
screams strident of the rooster
(crows)

"Agora," bradou João, "fingindo que comandava um
Now shouted Joano pretending that (he) commanded a

destacamento, carregar armas! Dai-me cabo dos ladrões;
detachment to load weapons Give me (the) end of the thieves

fogo!"
fire

No mesmo instante o jumento quebrou a janela com as
In the same instant the donkey broke the window with the

patas, zurrando cada vez mais; os ladrões atemorizados
legs braying each time more the thieves intimidated

refugiaram-se no bosque, saindo precipitadamente por uma
fled into the forest leaving precipitated for a
(hastily)

porta falsa.
door false

João e os seus companheiros penetraram na sala
Joano and the his companions penetrated into the room
()

abandonada, comeram um excelente jantar, e deitaram-se
abandoned ate an excellent supper and laid down themselves

em seguida.
in the following

João numa cama, o burro na cavalariça, o cão numa
Joano in a bed the donkey in the stable the dog on a

esteira ao pé da porta, o gato junto do fogão e o
mat to the foot of the door the cat next to the stove and the

galo num poleiro.
rooster on a perch

Ao principio os ladrões ficaram muito contentes, por se
At the beginning the thieves had been very glad for themselv

verem sãos e salvos na floresta. Mas depois,
to see sane e safe in the forest But later

começaram a reflectir.
(they) started to reflect

"Era bem melhor a minha cama, do que esta erva tão
(It) was well better on my bed than this grass so

húmida," disse um deles.
wet said one of them

"Tenho pena do frango que eu começava a saborear,"
have missing of the chicken that I started to taste
(I am) (the)

disse um outro.
said an other

"E que rico vinho aquele!" acrescentou o terceiro.
And what rich wine that added the third

"E o que é mais lamentável," exclamou um quarto, "é
And that what is more lamentable exclaimed a fourth is

ficar-nos lá todo o dinheiro, que, com a ajuda do
to leave there all the money that with the aid of the
(ourselves)

criado do conde, tínhamos tirado das gavetas."
servant of the count (we) had taken from the lockers
(strongboxes)

"Vou   ver   se   torno   lá   a   entrar?"   disse   o   capitão.
(I will) go   see   if   (I) return   there   to   enter   said   the   captain

"Bravo!"   exclamaram   os   ladrões.
Bravo   exclaimed   the   thieves

E   pôs-se   a   caminho.
And   (he) set himself   on   (the) road

Já   não   havia   luz   na   casa;
Already   not   had   light   in the   house
             (there was)

o   capitão   entrou   às   apalpadelas,   e   dirigiu-se   para   o
the   captain   entered   at the   touch   and   directed himself   to   the

fogão;
stove

o   gato   saltou-lhe   à   cara   e   esfarrapou-lha   com   as   garras.
the   cat   jumped him   in the   face   and   scratched him   with   the   claws

Soltou um grito doloroso, correu para a porta, mas
(He) emitted a scream painful ran to the door but

infelizmente pisou o rabo do cão, que lhe deu uma
unfortunately stepped on the tail of the dog that him gave a

grande dentada.
great teethed
(bite)

Gritou de novo, e conseguiu por fim transpor o limiar
(He) screamed of new and obtained at end to cross the threshold
(again) (succeeded) (finally)

da porta.
of the door

Mas quando ia a sair, o galo atirou-se a ele,
But when (he) went to leave the rooster threw himself at him

rasgando-o com o bico e com as unhas.
tearing him with the beak and with the nails

"Anda o diabo nesta casa!" exclamou o capitão, "como
Goes the devil in this house exclaimed the captain how

poderei eu sair!"
will be able I to leave

Julgou encontrar refúgio na estrebaria; mas o burro
judge (I guess) / to find / refuge / in the / stable / but / the / donkey

atirou-lhe uma parelha de coices, que o deitou quase
threw him / a / couple / of / kicks / that / him / laid down / almost

morto ao meio do chão.
dead / to the / middle / of the / ground

Passado algum tempo veio a si; apalpou o corpo, viu
(Having) Passed / some / time / (he) came / to / himself / felt / the / body / saw

que não tinha nem pernas nem braços partidos,
that / not / (he) had / neither / legs / nor / arms / broken

ergueu-se e tornou para a floresta.
raised himself / and / returned / to / the / forest

"Então? então?" perguntaram-lhe os camaradas assim que
Then (And) / then (and) / asked him / the / companions / as soon / that

o viram.
him / (they) saw

"Nada feito," exclamou ele. "Mas antes de tudo
Nothing / made (to do) / exclaimed / he / But / before / of / everything

arranjem-me uma cama para me deitar e cataplasmas de
arrange me / a / bed / for / me / to lie down / and / poultices / of

linhaça para pôr neste corpo, que o trago num feixe."
linseed / to / put / on this / body / that / you / (I) bring / in one / bundle

"Não podeis imaginar o que sofri."
Not (you) can imagine that what (I) suffered

"Na cozinha fui assaltado por uma velha que estava a
In the kitchen (I) was assaulted by an old woman that was to (busy)

cardar lã, e arrumou-me na cara com o sedeiro,
comb wool and arranged me in the face with the carder (woolcomb)

deixando-me neste miserável estado."
leaving me in this miserable state (condition)

"Quando ia a sair a porta, um demónio dum remendão
When went to leave the door a demon of a cobbler

atravessou-me as pernas com a sovela."
traversed me the legs with the awl (pierced)

"Logo depois Satanás em pessoa atirou-se a mim,
Soon later Satan in person threw himself at me

despedaçando-me com as garras."
tearing me with the claws

"Na estrebaria deram-me uma paulada que me ia
In the stable (they) gave me a thwack that me went

matando. Se vocês me não acreditam, vão lá, e
killing If you me not believe go there and

experimentem."
try

"Acreditamos," disseram os companheiros, vendo-lhe a cara
Believe said the companions seeing him the face
(We believe it)

e o corpo todo ensanguentado: Não seremos nós que
and the body all bloody Not will be us that

lá tornaremos. "
there will return

Pela manhã, João e os seus camaradas almoçaram
In the morning Joano and the his companions took breakfast
()

ainda excelentemente, e partiram em seguida para restituir
still excellently and left subsequently to restitute
(give back)

ao conde o dinheiro que os ladrões lhe tinham roubado.
to the earl the money that the thieves (of) him had robbed

Meteram-no   cuidadosamente   dentro   de   dois   sacos,   com
(They) put   in it   carefully   inside   of   two   bags   with

que   carregou   o   jumento.
which   (was) loaded   the   donkey

Foram   andando,   andando,   até   que   chegaram   à   porta   do
(They) went   walking   walking   until   that   (they) arrived   to the   gate   of the

castelo.
castle

Diante   dessa   porta   estava   o   malvado   do   porteiro,   com
Ahead   of this   door   was   the   bad person   of the   doorkeeper   with
                                                                          (of a)

uma   libré   esplêndida,   meias   de   seda,   calções   escarlates
a   livery   splendid   stockings   of   silk   shimstocks   scarlet

e   cabelo   empoado.
and   hair   pomaded

Olhou   com   ar   de   desprezo   para   a   pequenina   caravana,
(He) looked   with   air   of   disdain   at   the   small   caravan
          (an)

e   disse   a   João.
and   said   to   Joano

"Que vindes aqui buscar? Não há lugar para os
What (you) come here to search Not has place for you
(there is)

recolher, vão-se embora?"
to keep go yourself away
(stay) (go)

"Não queremos nada de ti," respondeu João. "O dono
Not (we) want nothing of you answered Joano The owner

do castelo far-nos-á um bom acolhimento."
of the castle do us a good reception
(will give to us)

"Fora daqui vagabundos," exclamou o porteiro enfurecido.
Outside from here vagabonds exclaimed the doorkeeper infuriated

"Ponham-se a andar imediatamente, quando não atiro-lhes
Put yourselves to walk immediately if not (I) throw them

já às pernas os meus cães de fila."
already to the legs yours my dogs of line

"Perdão, só um instante," replicou o galo empoleirado na
Pardon only one instant talked back the rooster perched on the

cabeça do jumento; "não me poderias dizer quem é
head of the donkey not me (you) could say who (it) is

que abriu aos ladrões na noite passada a porta do
that opened to the thieves in the night passed the door of the

castelo?"
castle

O porteiro corou. O conde que estava à janela,
The doorkeeper ran The earl that was by the window

disse-lhe:
said him

"Ó Bernabé," responde ao que esse galo te acaba de
Oh Bernabé answer to it that this rooster you finished of

perguntar.
to ask

"Senhor," replicou Bernabé, "este galo é um miserável."
Sir replied Bernabé this rooster is a miserable
(thing)

"Não fui eu que abri a porta aos seis ladrões."
Not (it) was I that opened the door to the six thieves

"Como é então," meu velhaco, tornou o conde, "que tu
How (it) is then my trickster returned the earl that you
(replied)

sabes que eram seis?"
know that (it) were six

"Seja como for," disse João, "aqui lhe trazemos o
Be it as will be said Joano here you (we) bring the
(it may)

dinheiro roubado, pedindo-lhe unicamente que nos dê de
money robbed asking you solely that us (you) give of
()

jantar e nos recolha esta noite, porque vimos cansados
supper and us collect this night because (we) arrived tired
(you receive)

do caminho."
of the road

"Ficai certos que sereis bem tratados."
(You may) remain certain that (you) will be well treated

O burro, o cão e o galo, levaram-nos para a quinta.
The donkey the dog and the rooster were led to the room

O gato ficou na cozinha.
The cat stayed in the kitchen

E enquanto a João, o conde reconhecido, vestiu-o dos
And while to Joano the earl recognized dressed him of the
(thanked)

pés à cabeça com um vestuário magnífico, deu-lhe um
feet to the head with a clothing magnificent gave him a

relógio de ouro, e disse-lhe:
watch of gold and said him

"Queres ficar comigo? És esperto e honrado, serás o
(You) want to stay with me (You) are smart and honest (you) will be the

meu intendente."
mine intendant

João aceitou a proposta, e mandou vir a sua velha
Joano accepted the proposal and ordered come the his old
(had) ()

mãe para o pé de si.
mother to the foot of himself

Casou   depois   com   uma   linda   rapariga,   e   viveu   sempre
(He) married   later   with   a   pretty   girl   and   lived   always

felicíssimo.
very happy

The book you're now reading contains the paper or digital paper version of the powerful e-book application from Bermuda Word. Our software integrated e-books allow you to become fluent in Portuguese reading, fast and easy! Go to learn-to-read-foreign-languages.com, and get the App version of this e-book!

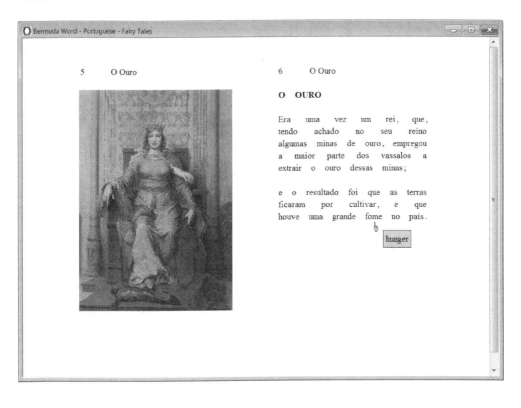

5   O Ouro

6   O Ouro

O OURO

Era   uma   vez   um   rei,   que,
tendo   achado   no   seu   reino
algumas   minas   de   ouro,   empregou
a   maior   parte   dos   vassalos   a
extrair   o   ouro   dessas   minas;

e   o   resultado   foi   que   as   terras
ficaram   por   cultivar,   e   que
houve   uma   grande   fome   no   país.

hunger

The standalone e-reader software contains the e-book text, and integrates **spaced repetition word practice** for **optimal language learning**. Choose your font type or size and read as you would with a regular e-reader. Stay immersed with **interlinear** or **immediate mouse-over pop-up translation** and click on difficult words to **add them to your wordlist**. The software knows which words are low frequency and need more practice.

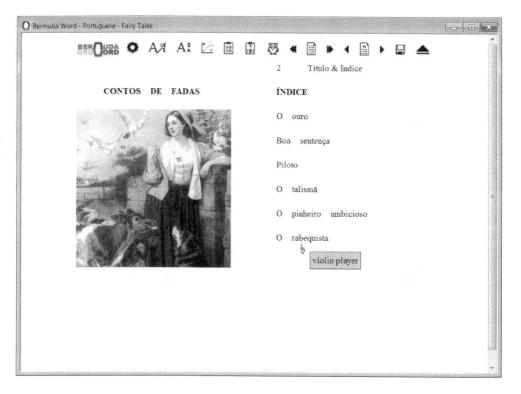

With the Bermuda Word e-book program you **memorize all words** fast and easy just by reading and efficient practice!

LEARN-TO-READ-FOREIGN-LANGUAGES.COM

Made in the USA
Columbia, SC
26 July 2018